ÉDITIONS DE LA PAIX
Pour la beauté des mots et des différences

Rollande Saint-Onge

PETITES HISTOIRES

PEUT-ÊTRE VRAIES

Tome I

Rollande Saint-Onge

PETITES HISTOIRES

PEUT-ÊTRE VRAIES

Tome I

Collection *Rêves à conter*

ÉDITIONS DE LA PAIX

Page couverture
Dessin *Barbara Sala*
Conception *Multi-concepts/FOCUS*

Illustrations *Guillaume Morin*

© Éditions de la Paix
125, rue Lussier
Saint-Alphonse-de-Granby
Québec, J0E 2A0
Téléphone et télécopieur : (514) 375-4765

Dépôt légal : 3ᵉ trimestre 1995

Données de catalogage avant publication (Canada)

St-Onge, Rollande, 1950-
        Petites histoires peut-être vraies
        (Rêves à conter)
        ISBN 2-921255-37-5
        I. Titre. II. Collection.
PS8587.A34883P47 1995   C843'.54   C95-941279-4
PS9587.A34883P47 1995
PQ3919.2.S24P47 1995

Guillaume Morin

un jeune autodidacte, utilise la technique de l'aérographe pour travailler. Les illustrations des deux tomes de *Petites histoires peut-être vraies* sont le résultat d'une première expérience, mais sûrement pas la dernière, vu l'immense talent et le sens de l'humour bien aiguisé de ce jeune artiste.

Merci à Jean-Charles pour sa complicité à partager des moments « fous » qui ont contribué à faire germer bien des petites histoires.

Merci également à Marthe Léveillé pour sa précieuse collaboration.

Le hibou triste

Un hibou était perché sur une branche, et toutes sortes d'idées lui traversaient la tête, quelquefois même y restaient. Il les regardait, les alignait, les repassait, parfois mille fois. Ses yeux ronds fixaient la nuit pour avoir une réponse aux questions qui en naissaient, mais la nuit demeurait silencieuse. Elle broyait du noir ou ne voulait tout simplement pas parler. Le hibou la trouvait bien longue...

Quand l'aurore s'y glissait, le hibou clignait des yeux et se disait : « Je peux enfin dormir et me permettre toutes sortes de folies dans mes rêves. »

La nuit, il se contentait d'être un hibou, triste le plus souvent. Comment ne pas être triste quand tout dort autour de soi et qu'en plus, la nuit se tait elle aussi. Le jour, quand tout se réveillait, lui s'endormait en rêvant qu'il était un chat, une hirondelle, un lion ou une gazelle, enfin, à tout ce qu'il n'était pas.

« Pourquoi suis-je un hibou ? Que peut-on voir la nuit ? Je ne peux même pas voler. À fixer ainsi du noir, comment avoir les idées claires ? Je suis né pour être triste, aussi bien l'être de tout mon cœur. »

Et il faisait des hou hou à la nuit en sanglotant la plupart du temps. Un jour, elle lui répondit :

— Ne sais-tu point voir ? Je possède plein de mystères que le jour ne peut percer. Si tu es un hibou, tu peux les trouver. Tu as des yeux pour me voir. Si tu regardes bien, tu verras que je cache l'envers du jour. Ma lumière est condensée, elle n'éblouit pas, mais elle t'enseignera des secrets que les animaux du jour t'envieront.

— Percer la nuit ? Mais comment et où faire de petits trous ? Le hibou fut d'abord bien décontenancé par cette réponse et chercha pendant des nuits entières les secrets promis.

— Tu les cherches trop, lui souffla alors la nuit sur le point de partir. Tu as des yeux pour voir, t'ai-je dit. Les secrets viendront vers toi si tu cesses d'être triste. Tu n'as pas à rêver d'être un chat ou une hirondelle. Sois un hibou. Et un hibou heureux peut voler et voir le jour s'il le veut.

— Un hibou heureux ? Comment fait-on ? Voler et voir le jour en plus ?

— Qu'est-ce qui t'en empêche ? Qui t'a dit qu'un hibou ne devait être qu'un hibou ? Rêve autant que tu veux, mais que tes rêves ne te rendent pas nostalgique et plus triste ! Tu crois tellement qu'il te faut être triste que tu en restes là, lui répondit la nuit en le quittant, poussée par l'aurore.

Le hibou s'amusa longtemps à laisser entrer en lui les mystères de la nuit. Il n'avait qu'à garder les yeux ouverts. Parfois, il dormait avec elle et veillait le jour. On le vit même voler avec une hirondelle et parler à un lièvre.

Il devint sage avec le temps qui est fait pour ça. Je crois même que le jour l'invita chez lui plus d'une fois et ils apprirent l'un de l'autre. Le hibou connut ainsi les secrets du jour et de la nuit.

Il continua ses hou hou la nuit et de plus en plus souvent le jour. Curieusement, ces petits bruits s'entendirent un peu partout, chez les gens comme chez les animaux, quand ils étaient heureux...

L'orgue de Barbarie

Je crois bien qu'il faisait chaud et que c'était l'été. En tout cas, il y avait beaucoup de gens à ce bazar. On y vendait toutes sortes d'objets plus ou moins hétéroclites.

Un grand musicien, même s'il était petit, se promenait là pour se changer les idées. Sa tête était souvent pleine de notes qu'il alignait sur des gammes en les déplaçant pour voir l'effet. En même temps, toutes sortes de petits bruits sortaient de sa gorge. Il se concentrait tellement sur ce petit jeu-là qu'il en oubliait tout le reste. Il avait même tondu le gazon du voisin deux fois, à l'amusement des autres, parce qu'il répétait une symphonie. Il ne fallait surtout pas le laisser préparer les repas, car les bruits de l'ébullition et de la friture l'amenaient à d'autres gammes. Il mélangeait alors les ingrédients dans un grand désordre et on en avait pour deux jours à tout nettoyer.

Le plus souvent, on l'empêchait de s'occuper des tâches de la maison. Il s'asseyait pendant de longs moments dans le salon et faisait des exercices soit au violon, soit au piano. Il aimait par-dessus tout jouer de l'orgue dans la grande cathédrale. D'immenses bouffées de satisfaction sortaient de sa poitrine à mesure que ses mains et ses pieds faisaient sortir des sons extraordinaires qui emplissaient toute la voûte. Il fallait le surveiller davantage lorsqu'il revenait de cet endroit.

Pour se reposer, il allait dans les bazars. C'est ainsi qu'il découvrit ce jour-là un petit orgue de Barbarie, bien à l'écart, défraîchi. Il n'avait pas joué depuis des lunes et des saisons. Dans le cœur du musicien, un grand amour naquit. Il l'acheta tout de suite et passa beaucoup de temps à lui rendre vie. Il faut dire que le petit orgue était tout endormi. Je crois bien qu'il était certain de se retrouver dans un musée ou de servir de bois de chauffage.

Quand sa manivelle, son soufflet, son cylindre et ses tuyaux furent réparés et rajustés, le musicien commença à le faire jouer. Il le fit souvent les premiers jours, puis il commença à le délaisser pour les autres instruments qui l'inspiraient davantage.

Dans cet environnement, le petit orgue se mit à savourer de plus en plus la musique. Il aurait bien aimé être un piano pour qu'on lui pianote dessus, ou encore un violon pour qu'on le fasse vibrer. Et il se trouva monotone. Je crois même qu'il aurait préféré qu'on le laisse dormir pour l'éternité.

Un jour, il y eut toute une foire dans la ville du grand musicien. Beaucoup d'activités étaient prévues. On amena le petit orgue et on tourna sa manivelle à tour de rôle sur la place principale. Tout le monde l'admirait et le touchait. Cela lui rappelait tellement de beaux moments qu'il en pleura à l'intérieur de ses petits tuyaux. Un monsieur très savant, puisqu'il savait beaucoup de choses, s'approcha. Il se mit à citer maintes dates et beaucoup de pays. Le monsieur très connaissant avait, semble-t-il, des cylindres de musique ancienne qu'on pourrait installer dans le petit orgue. Le grand musicien se gonfla la poitrine de fierté, et les deux hommes promirent de se revoir. Puis le grand musicien et tous les autres s'élancèrent vers la cathédrale, juste en face, où un concert commençait.

Après tant d'attentions et de citations, le petit orgue se retrouva tout seul. Il avait peur de se rendormir encore une fois. Cela lui était arrivé si souvent. Ses petits tuyaux vibrèrent un peu lorsqu'il sanglota.

C'est alors qu'il entendit des sons immenses, des sons comme il n'en avait jamais entendus, sortir de la cathédrale. Ils se rendaient jusqu'à lui et il en résonnait de partout. Quelle émotion !

Les jours qui suivirent il ne cessa de penser à cette musique céleste. Puis le savant homme revint avec plusieurs petits cylindres et quelques tuyaux. On passa beaucoup de temps autour du petit orgue. Différents sons se mirent à sortir de lui et cela ressemblait un peu à la musique entendue le jour de la foire. L'homme expliqua que ces cylindres provenaient d'un vieux monastère et qu'ils servaient à accompagner les chants des moines. Ils étaient fort rares. Un vent d'orgueil passa à travers les petits tuyaux de l'orgue. Cela fit des sons qui laissèrent les deux hommes pantois...

Quelques jours passèrent. Un bon matin — même s'il pleuvait il était bon quand même —, un camion s'arrêta devant la maison du musicien. Des hommes en sortirent avec de grosses couvertures et apportèrent le petit orgue. « Pas le musée ! » pensa ce dernier avec désespoir.

Il se préparait de nouveau à être oublié lorsque la porte s'ouvrit. Il se vit transporté vers la cathédrale. Était-ce parce qu'on croyait qu'il pouvait faire de la musique aussi belle que celle qu'il avait entendue ? Il ne pouvait y croire tant cette musique était grande et noble. Il se vit déposé bien en vue dans la nef et passa la nuit sans deviner ce qui lui arriverait.

Puis le lendemain, des centaines de gens envahirent le lieu. Le savant homme se plaça près de lui avec quelques cylindres en expliquant leur histoire. Le petit orgue remarqua des regards fort intéressés. On disait qu'il faisait partie de la grande famille des orgues et que c'était un honneur pour la ville que de pouvoir entendre cette musique sacrée et si rare dans un tel endroit. L'orgue de la cathédrale participerait à cette grande célébration.

On commença à tourner un des cylindres et la musique qui en sortit alla jusqu'au fond de la grande nef, et même monta près du dôme. Soudain, des vibrations immenses qui lui semblèrent d'abord terrifiantes s'élancèrent de la galerie de l'orgue. C'était la musique entendue le jour de la foire ! Les sons entraient en lui et il en vibrait d'une joie difficilement descriptible. Il leva un timide regard et aperçut les énormes tuyaux. Il était donc vraiment de la famille ! Il devait avoir de bons tuyaux pour jouer dans ce lieu... Après tout, il n'était pas si barbare que ça ! Il se gonfla d'orgueil en même temps que le musicien.

Le petit orgue demeura fort longtemps dans la cathédrale. Et je crois bien qu'il y est encore...

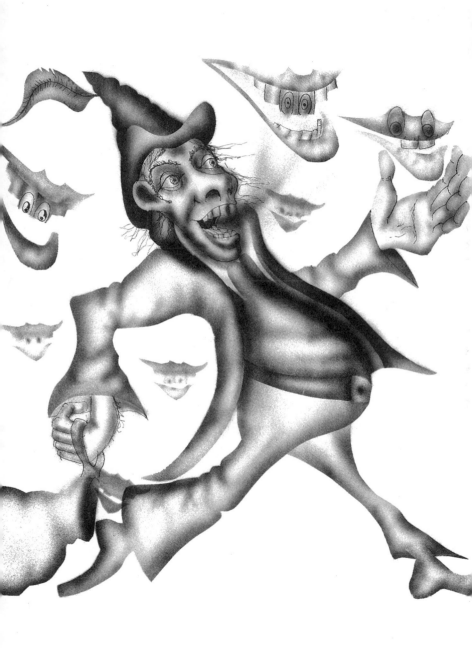

Les sacs de rire

Un homme heureux riait beaucoup. Il montrait ses dents bien alignées en ouvrant toute grande sa bouche. Des rires, petits, étirés, saccadés en sortaient en se bousculant. Il penchait souvent sa tête vers l'arrière. Dans ces moments-là, il en sortait davantage. Des centaines même !

Il était difficile pour les gens de regarder l'homme heureux sans le devenir aussi, car les rires entraient en eux. Il y en avait tellement que certains partaient au vent, d'autres restaient accrochés à des arbres. Comme l'homme heureux les aimait, beaucoup de rires les habitaient. Parfois, il y en avait tellement que les arbres riaient la nuit. Pour les entendre, il fallait juste s'appuyer sur eux. Les rires descendaient et montaient autour du brave qui s'y était aventuré. Il fallait être audacieux pour croire que les arbres riaient la nuit. Et surtout les entendre !...

L'homme heureux n'avait presque pas de maison. Elle était si petite ! Il y allait dormir quand il faisait froid dehors. Il riait là aussi. Alors, on voyait les rires sortir par la cheminée par petits coups. Ils tombaient dans les fleurs des alentours quand c'était l'été et dans l'eau qui courait dans un petit chemin juste pour elle devant la maison. Les rires allaient ainsi parfois fort loin.

Sans le savoir, l'homme heureux avait des rires qui voyageaient partout. Il aimait voyager lui aussi et ne prenait pas toujours la même direction que le vent ou les cours d'eau. Comme il riait ailleurs, dans d'autres villes ou dans d'autres pays, on commença à sentir ses rires partout.

Le problème, c'est qu'ils disparaissaient après quelque temps, et si l'homme heureux n'était pas là, il fallait attendre qu'il revienne ou que le vent en ramène pour les entendre à nouveau.

Un jour, une petite fille essaya d'en attraper avec des sacs. Elle voulait en faire des provisions avant le départ de l'homme heureux, car elle était souvent triste. Elle lui demanda de rire dedans. En entendant cela, l'homme rit de plus belle. Elle en profita pour en remplir beaucoup. Elle se mit même à en vendre pour acheter une bicyclette. « SACS DE RIRE À VENDRE », écrivit-elle sur un petit stand pauvrement aménagé. La nouvelle se répandit comme un éclair. Elle en vendit tant qu'il lui en manqua. Elle a pu acheter ainsi une bicyclette, mais elle était demeurée triste.

L'homme heureux finit par le savoir. Il lui envoya un gros sac plein de rires qu'il avait soigneusement rempli aux premières heures du matin. Avec le chant des oiseaux, ça faisait de bien beaux rires. Ils étaient plus clairs et plus pétillants qu'à la fin du jour. Il lui conseilla de l'ouvrir juste un peu à chaque fois. Elle ne fut donc plus jamais triste.

Cette idée s'implanta dans la tête de l'homme heureux. Les idées d'ailleurs germaient bien dans cette tête-là. Il fit beaucoup de sacs de rires qu'il laissait ici et là au cours de ses nombreux déplacements. Quand les gens étaient tristes, ils les ouvraient un peu et ils riaient. Les rires étaient si vivants et si vrais que même le plus bourru des individus ne pouvait y résister.

L'homme vécut longtemps, longtemps et laissa beaucoup de sacs de rires sur la planète. Il en ouvrait même à l'insu des gens quand ils devenaient trop sérieux, ou il en lançait chez les gens très importants lorsqu'ils avaient de graves décisions à prendre. Curieusement, elles étaient bien meilleures dans ces moments-là.

Quand l'homme heureux mourut, il laissa une grande traînée de rires derrière lui, une traînée qui montait jusqu'au ciel. Croyez-le ou non, le soleil, la lune, les étoiles et tout l'univers se mirent à rire aussi. Un rire qu'on peut toujours entendre quand on est heureux...

25

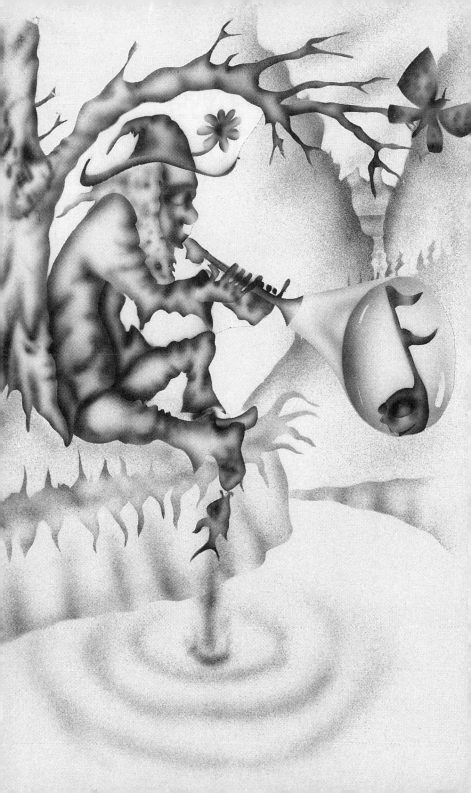

La petite note
qui tomba d'une symphonie

Une grande symphonie se préparait quelque part dans un pays sérieux. Jour et soir, — parce que la nuit, il fallait bien récupérer —, on entendait les notes qui répétaient. C'était un grand honneur d'être jouées par un prestigieux orchestre.

Quand c'était leur tour, les notes se posaient fébrilement sur la gamme avec cet air très responsable. Elles attendaient avec une grande concentration et se faisaient sévèrement réprimander par les bémols et les dièses si elles se trompaient en se posant. Elles sortaient d'un piano ou d'un violon, d'un saxophone ou d'une flûte pour ne nommer que quelques instruments. Il faut dire qu'ils apportaient une expérience différente. Par exemple, sortir d'une harpe était un privilège et une joie céleste ; sortir d'un tambour, cependant, les faisait vibrer au point d'oublier de se représenter à l'appel suivant. C'était vraiment traumatisant, même si c'était aussi très excitant.

Les notes étaient très fières de se préparer à ce grand événement. Elles ne dormaient pas toujours la nuit et répétaient souvent entre elles. Ainsi, quand le chef d'orchestre les appelait, elles étaient vite au garde-à-vous. Qui sait si cette symphonie-là ne serait pas célèbre pour l'éternité ? L'éternité, c'est long, mais pas si long que ça pour des notes de musique qui viennent de la nuit des temps.

La veille du premier concert, une petite note, une double croche pointée, très fatiguée, s'endormit lors de la grande répétition. Elle tomba, à la surprise générale, en bas de la partition. Le point resta là, bien penaud, n'étant guère utile tout seul. La petite note n'eut point le temps de se poser et fut emportée par le vent, entré par une fenêtre ouverte.

Elle était si fatiguée qu'elle se laissa porter par lui toute la nuit sans se réveiller. Le vent, très galant, la posa avec douceur sur la feuille d'un arbre, en pleine ville. Au réveil, vite elle paniqua en constatant qu'elle s'était perdue. Tout ce bruit ! Quelle horreur pour une note habituée au grand silence des salles de concert ! Elle tourna d'abord en tous sens puis entendit de la musique. Elle suivit le son qui l'amena vers des musiciens de jazz. Dans sa fébrilité, elle se lança dans la partition. Elle se fit vite bousculer par les autres notes. « Mais bouge un peu ! Ici, on se place rapidement en suivant l'enthousiasme des musiciens. »

La petite note essaya autant qu'elle put. Elle n'y arrivait pas. Elle était habituée à tant de discipline et de révérence qu'elle n'avait pas de spontanéité. Pourtant, à regarder les autres jouer, elle aurait bien aimé y arriver. Elle se sentit bien seule, et je crois qu'elle s'apprêtait à pleurer lorsque le vent la vit et la reprit. Il aimait bien les notes qui chantaient souvent avec lui.

Il la plaça cette fois-ci au bord d'une fenêtre d'un studio de musique. Il espérait qu'elle s'y retrouverait. Elle se glissa dans une partition d'un style inconnu. Les guitares hurlaient et étiraient les notes dans une plainte qui la fit frémir. Les notes semblaient s'attaquer de partout et elle tomba à nouveau, cette fois, d'effroi.

Le vent qui surveillait le résultat, la reprit aussitôt pour qu'elle retrouve ses esprits. Il dansa avec elle un peu, la berça même et elle se calma. Ils virent alors un joueur de flûte près d'un ruisseau. Il jouait librement. Elle se plaça près de lui, prête à être choisie. Le musicien fermait les yeux et donnait l'impression d'avoir un immense plaisir à laisser ainsi courir ses doigts selon l'inspiration du moment. La petite note fut jouée quelquefois, sans le savoir d'avance. Quelle différence avec la grande symphonie où tout était minuté ! Elle aima cette joie nouvelle...

Le vent l'emmena partout pour qu'elle expérimente différents styles de musique. Elle prit ainsi beaucoup d'expérience, mais n'en était pas moins triste. Le soir arriva et elle n'avait pas encore retrouvé sa partition. Toutes ces répétitions pour rien ! Elle manquerait la fébrilité des grandes premières. Elle pleura encore un peu, puis le vent retrouva un des musiciens qui s'élançait nerveusement vers une grande porte. On avait cherché la petite note partout. Il entra en s'exclamant : « J'ai eu vent qu'on l'avait retrouvée. » Évidemment, le vent le lui avait soufflé.

Les notes, toutes habillées, répétaient dans les coulisses. Le point attendait patiemment sur la ligne, pas très loin de la clé de sol, en la suppliant de ne pas verrouiller la porte tout de suite. Il était sûr que la petite note reviendrait. Elle était une des premières à jouer en sortant d'abord d'un violon, et pas n'importe lequel... le premier !

Le rideau s'ouvrit avec révérence et le petit point était près de se faire expulser lorsqu'un courant d'air, venu d'on ne savait où, se précipita à l'avant-scène. Vous vous doutez bien qu'il n'était pas tout seul. La petite note était avec lui. Elle se plaça juste à temps devant le point qui lança un grand soupir de soulagement. La clé de sol ferma alors la porte. Tout était prêt et précis comme une horloge suisse.

La petite note joua très bien, parfois seule, parfois avec le point. Elle avait autant de plaisir à sortir d'une harpe que d'une cymbale. En voyageant avec le vent, avec ou sans partition, elle avait beaucoup appris, surtout à jouer sans être constamment stressée. Les gens le sentaient. Elle réveilla la Déesse de la Musique, ce qui était un grand honneur. Cela signifiait que la pièce jouée demeurait éternellement dans la grande mémoire du Temps. C'est là que puisent les poètes, les artistes, les rêveurs depuis l'aube de l'humanité.

La petite note comprit que ce n'était pas ce qu'elle jouait, mais la manière de le jouer qui avait de l'importance. Elle ne regarda plus jamais les autres styles de musique du haut de son petit nez de note, mais inspira plutôt les vrais musiciens. Beaucoup de notes firent comme elle. On commença à les entendre partout et curieusement, aussi dans le silence. Un grand silence blanc.

Cette musique nouvelle apaisait la Terre. Et même les étoiles. La Déesse de la Musique décora la petite note avec de l'or et elle brilla ainsi pour l'éternité.

Le dernier mot

Personne n'aime être le dernier, à moins d'être...
un mot. En général, quand les gens l'attrapent, ils le
gardent et ils n'ont pas l'intention de le prêter. Mais cette
fois, par un hasard trop curieux d'en voir le résultat ou
l'issue, personne n'en voulait. Cela fit tout un effet dans
les réunions et les conversations. Les phrases se termi-
naient par des ...e...e...e qui étaient loin d'être muets pour
une fois. Les gens firent aussi toutes sortes de bruits qui
ressemblaient à des gazouillis.

— Ah ! les mots doux ! disaient-ils.

« Les gens veulent des mots doux maintenant, pensa le dernier mot. Qu'est-ce que je fais, moi ! Avant, on
me désirait tellement que j'avais un agenda rempli. Je suis
un dernier habituellement traité comme un premier. Et là,
on m'ignore et on veut des mots doux ! »

Comme on ne le désirait plus, personne n'avait raison parce que c'est le dernier mot qui, habituellement,
tranche les questions et de façon inégale la plupart du
temps. Une question tranchée ne crée pas l'unité, tout le
monde sait ça ! On se mit même à se dire de petits mots
qui ouvraient des portes.

— Ah ! les mots magiques ! dirent les gens.

« Pas les mots magiques en plus ! De connivence avec les mots doux, je vais être oublié. On oubliera d'avoir raison. C'est important d'avoir raison. Comment peuvent-ils l'avoir oublié ? se dit le dernier mot en se cachant pour le reste de la journée. Si on ne me voit pas, on me désirera. Ils désirent toujours ce qu'ils n'ont pas, la plupart du temps. »

Puis les mots d'amour pointèrent le nez parce qu'il y avait encore de la place.

— Ah ! les mots d'amour ! dirent les gens.

« Avec les mots d'amour, ça y est. Je n'ai plus aucune chance de revenir. Ils n'en finissent pas, ceux-là, et ils se les prêtent en plus », se dit notre petit dernier.

Le dernier mot se fit oublier assez longtemps pour qu'on ne se rappelle plus ce qu'il avait à faire. Lorsqu'il se présenta un matin bien calme, il se plaça spontanément le dernier comme il en avait l'habitude. Mais on ne se rappelait pas son rôle et on le reprenait de phrases en phrases, en le plaçant partout. On se le prêtait aussi.

— Tiens, je te le prête pour la journée. Tu me le rendras demain.

Le dernier mot se rendit compte finalement que c'était amusant de ne pas toujours être le dernier. Il n'avait plus cette tension intérieure constante pour se placer à l'endroit le plus stratégique et clore — sans appel — les conversations.

Il faut dire que l'effet du spectacle lui manquait. Il pouvait aussi bien être suivi de trois petits points ou d'un point d'interrogation. C'est bien souvent dans ces cas-là qu'on se le partageait. Cela faisait un moment qu'il n'avait pas rencontré le point d'exclamation. Lorsque cela arriva, il fut bien content de le revoir, et au tout début d'une phrase.

Le dernier mot ne fit plus jamais d'histoire pour avoir la meilleure place. N'avait-il pas appris, d'ailleurs, que les meilleures d'entre elles — les histoires — n'ont jamais de dernier mot. Elles sont sans fin et on ne sait jamais si elles seront racontées exactement de la même façon...

Le triste petit caillou

Un petit caillou gisait là, parmi d'autres plus petits ou plus gros. Ils étaient si nombreux et si différents qu'on ne le remarquait pas. Il avait pris l'habitude de demeurer là où il était né, sans être vraiment content d'y être. Mais comme il ne savait pas être ailleurs, il ne bougeait pas.

« Quel bruit ! se plaignait-il sans cesse. Ah ! si je pouvais avoir le silence des grandes montagnes d'où je viens ! »

Le petit caillou aurait bien aimé le calme des plaines ou la quiétude des hautes cimes. Mais il vivait près de la mer, avec l'érosion permanente et le ressac constant des flots.

Avant de venir dans le monde des cailloux, il avait choisi d'apprendre beaucoup de leçons. Alors, la haute montagne le plaça en pleine action. De son petit point de vue, il pouvait observer bien des situations. Mais il oublia vite ce privilège et se concentra plutôt sur les inconvénients. « Quelle dure vie ! Être constamment bousculé, sans endroit pour rêver. » À regarder la vie s'agiter autour de lui, il devint bien nerveux et se plaignit tout le temps.

« Ah ! si je pouvais au moins partager ma petite vie bien terne avec une belle petite pierre, je serais heureux. Sûrement heureux !... »

À force de la rêver comme unique solution, elle se présenta à un moment fort inattendu. Alors qu'il s'attristait un matin, car c'est plus facile d'être triste le matin, bien tapi dans un coin sombre, il vit passer une petite pierre plus ou moins polie. En tout cas, elle dévalait gaiement la pente pour tremper dans les eaux salées.

Comme par hasard, elle fit une pause tout près de lui. Le petit caillou se sentit vite attiré par sa vivacité et sa curiosité. Il l'aima tout de suite et affectionna surtout ce qu'elle éveillait en lui.

— Je veux me promener avec toi ! lança-t-il sans trop réfléchir.

On ne réfléchit pas trop quand on croit que soudainement le bonheur est arrivé .

La petite pierre hésita plusieurs fois. Elle était bien habituée à dévaler les pentes à son rythme. Dans son petit cœur de pierre, il faut dire qu'elle avait bien peur qu'il lui demande de ne pas trop bouger. Elle avait déjà fait de petits tours auparavant avec quelques petits cailloux et ne s'en était que durcie davantage.

De plus, elle trouvait le petit caillou bien triste et geignard. Elle craignait d'être une cause de plus à ses lamentations, ce qui se révéla par la suite fort vrai.

Il avait, en revanche, quelque chose de très attachant : il disait toujours la vérité, enfin celle qu'il connaissait, car il y en a plus qu'une. Il était rondelet, alors qu'étant une petite pierre plutôt précieuse, elle avait plusieurs facettes dont chacune correspondait à un point de vue. Celui du petit caillou était nouveau.

Cela incita la petite pierre à faire à nouveau de petits tours avec lui. Elle était bien pointilleuse à cause de ses hésitations continuelles. Le petit caillou voulait tellement sortir de son petit coin sombre qu'il la suivait quand même, étant sûr qu'elle le mènerait au paradis. Au paradis des petits cailloux tristes, évidemment.

À mesure que les jours passaient, le petit caillou se rendait compte que le paradis était fort loin. Il devint de moins en moins sûr d'y aller et commença à lui en vouloir. Elle rétorqua :

— Je ne t'ai jamais promis le paradis !

Ce petit manège dura un bon moment, jusqu'à ce que la haute montagne les rappelle à l'ordre. C'était un jour de forte tempête. Une vague énorme les amena tous les deux jusqu'aux flancs des grands frères de la terre.

— Avez-vous donc oublié la raison de votre existence ? gronda le plus grand caillou. Vous êtes différents, soit ! Cela multiplie les leçons et les situations d'apprentissage. Beaucoup de petits cailloux et de petites pierres profiteraient sans perdre de temps d'une pareille occasion d'apprendre ! Cessez d'attendre que l'autre vous donne ce que vous pouvez vous donner à vous-même, car vous le blâmerez sans cesse. Comprenez plutôt que la différence favorise l'adaptation qui est d'une grande utilité sur la terre sans cesse en transformation. Retournez en bas en apprenant l'un de l'autre ou continuez votre chemin séparément. La liberté, l'amour et le respect amènent bien des petits cailloux et des petites pierres au sommet des plus hautes montagnes. Mais ça s'apprend d'abord en bas...

Et sur cette dernière phrase, une grande vague les ramena à leur point de départ. Ils se regardèrent en se demandant s'ils n'avaient pas rêvé... En tout cas, ils réfléchirent longtemps.

L'histoire n'a pas encore dit s'ils réussirent à remonter la pente vers les plus hauts sommets ou s'ils furent séparés par les flots...

Les petits bonheurs

Une maison était habitée — et il y a peut-être fort peu de temps —, par des bonheurs. Les plus grands habitaient le rez-de-chaussée et ils étaient fort attendus. Ceux qui étaient plutôt moyens se retrouvaient au premier étage. On ne se rendait pas toujours compte qu'ils étaient là, mais ils apportaient beaucoup de sécurité. On les appelait les bonheurs acquis.

Puis, au deuxième étage, vivaient les petits bonheurs. Ils étaient les plus nombreux et aussi les plus joueurs. Jamais on ne disait à propos d'eux : « Ah ! si je l'avais, je serais plus heureux ! » Non, ces bonheurs-là n'avaient pas d'horaire, encore moins d'agenda, et pour les voir, il fallait bien regarder. Ils étaient si petits ! Ils s'infiltraient dans l'odeur d'un café, dans la mélodie d'une chanson, dans la brise d'une fin de journée, dans le regard d'un enfant ou d'un être aimé. Ah ! ce qu'ils aimaient s'infiltrer ici et là !

Ils n'étaient pas les plus populaires, car bien peu de gens savait les trouver. Pour cela, il ne fallait pas être pressé. Ils ne s'annonçaient surtout pas. Non, ces petits bonheurs-là se méritaient par, comment dire, par... une attention détendue !

Alors que les grands bonheurs !... Ah ! ceux-là, ils étaient courus ! Ils étaient si sûrs d'eux. Et bien indépendants... Ils n'avaient qu'à mettre le nez dehors et déjà, ils faisaient la première page des meilleurs journaux. C'étaient les bonheurs les plus désirés, mais aussi les plus difficiles à vivre... Ils s'infiltraient dans les demeures cossues, les grosses voitures, les titres honorifiques et toutes sortes d'honneurs. C'est pourquoi ils prenaient le rez-de-chaussée, prêts à sortir, prêts à se faire voir.

Au premier étage, les moyens bonheurs ou, — l'avons-nous dit —, les bonheurs acquis, parfois, déprimaient. On se rendait compte qu'ils étaient là seulement s'ils se décidaient à rompre la routine. Alors là... quel tohu-bohu ! On remuait tout pour les retrouver. Ils ne détestaient pas cette attention, alors ils disparaissaient de temps en temps. Juste pour l'effet. Ils s'infiltraient chez les gens en santé, ceux qui possédaient un emploi permanent, chez les couples stables, chez les amis fidèles, etc. Bref, partout où on était sûr de les revoir.

La maison des bonheurs était, vous le voyez maintenant, fort occupée. Ça bougeait de bas en haut, mais surtout de haut en bas pour être plus réaliste. Car les petits bonheurs, ceux du deuxième, étaient très matinaux. Ils se levaient parfois au beau milieu de la nuit. C'étaient les plus travailleurs. Ils cherchaient continuellement de nouveaux endroits où s'infiltrer. Les connaisseurs les adoraient et ils aimaient se découvrir mutuellement. On était peu nombreux à les apprécier, bien peu nombreux en effet.

On les voyait quelquefois après le départ d'un grand bonheur et même d'un bonheur acquis, quand ce n'était pas les deux à la fois. Ah ! oui, ça arrivait, ces choses-là ! Vous auriez dû voir la tête que faisaient, les gens. C'était comme s'ils l'avaient perdue !

Un jour, il y eut une grande réunion à la maison des bonheurs ; vous savez, une de ces réunions d'où on sort comme si la terre allait tourner dans l'autre sens. Eh bien, une réunion de ce genre-là ! Tous les bonheurs étaient assis autour d'une table presque ronde, en un grand moment d'éternité. Mais pendant ce temps-là, les bonheurs ne pouvaient être ailleurs.

Évidemment, les grands bonheurs voulaient présider. Cette fois, les petits bonheurs, bien plus nombreux, se mirent à faire du tapage ou peut-être cela ressemblait-il à de la contestation.

— Ça ne peut pas continuer, affirmaient-ils, bien que ce ne fût pas leur genre, ça ne peut pas continuer. Les gens ne savent plus regarder !

— On nous voit, nous ! répliquèrent d'un même souffle les grands bonheurs, pleins de contrariété.

— Et nous, nous n'avons qu'à disparaître pour qu'on nous voie presque immédiatement ! enchaînèrent les moyens bonheurs, fiers de leur astuce.

— Mais ça ne peut plus continuer. Changeons de rôle, juste pour une journée. Comme ça, nous apprendrons des gens et ils apprendront de nous, renchérirent les petits bonheurs, plus sûrs que jamais.

Très sûrs même, comme si la terre venait de décider de tourner dans le même sens qu'eux.

— Ils doivent être inspirés avec cette assurance-là, pensèrent les moyens bonheurs qui aimaient bien les chocs, les surprises, donnant ainsi une vision nouvelle aux gens.

Les grands bonheurs contestaient avec véhémence.

— Quoi, devenir petits pour apprendre ? Jamais ! Plutôt mourir en pleine gloire. Ne plus être attendus, admirés, écoutés ?... Ah non !

La réunion dura très longtemps, je pense même qu'à la maison des bonheurs, on vit deux soleils se lever. Un grand trait d'union sur la planète bleue !

Et puis, arriva ce qui devait arriver... par la force du nombre, et peut-être même de la démocratie, mais surtout par la force de la ténacité et de la patience des petits bonheurs. Il arriva ce que les petits bonheurs avaient décidé : changer de rôle pendant une journée, juste une journée (même s'il fallait étirer les heures) et voir le monde et que le monde les voie d'un autre regard. Enfin, c'est ce qui était escompté. Les grands bonheurs n'y croyaient évidemment pas et ils n'avaient accepté que pour prouver encore une fois leur supériorité.

Ce grand jour arrivé, quel remue-ménage régna la veille à la maison des bonheurs ! Enfin, tout se passa bien. **Les grands bonheurs**, bien « petits » et multipliés maintenant, sortirent tôt, et bien hésitants. Personne pour les accueillir. Quelle humiliation ! Ils partirent dans tous les sens et s'ennuyèrent royalement pendant un moment.

Les petits bonheurs devenus moyens s'installèrent toute une journée, là où on leur avait dit d'aller. Toute une journée au même endroit ! Il faut dire qu'ils s'ennuyèrent eux aussi au début.

Puis **les moyens bonheurs** devenus grands commencèrent à être fatigués après quelque temps de se faire continuellement aduler, remarquer. Ils n'en avaient pas l'habitude.

Les gens s'aperçurent du changement. Les grands bonheurs devenus petits gardaient leurs habitudes et s'empressaient de se faire voir. Les gens les découvraient dans les petites choses. Les moyens bonheurs devenus grands étaient humbles et fidèles, ce qui faisait que les gens les aimaient sans les surestimer. Les petits bonheurs devenus moyens cherchaient à se faire découvrir par toutes sortes d'astuces. Les gens les appréciaient. Bref, le monde à l'envers, mais peut-être d'un envers heureux !

La leçon fut bénéfique pour chacun, et si l'on reprit son rôle le lendemain, ce ne fut plus de la même façon. Parfois, les trois bonheurs se rendaient en même temps quelque part et, spontanément, changeaient de rôle. Ils avaient beaucoup appris. Peut-être est-ce juste une impression, mais la terre semble plus bleue depuis...

Le temps qui en avait assez d'être compté

Il y a fort longtemps, à un moment précis de l'histoire de la Terre, — parce qu'on ne sait pas s'il vient de l'Univers —, apparut le temps. Je crois bien qu'il naquit de la marche de la lune et du soleil. Au début, il n'avait pas de nom. On se levait avec le soleil, où que ce fût sur la planète et l'on se couchait avec lui. Entre ces deux mouvements, on suivait sa marche lente et gracieuse en lui prêtant des qualités divines. Jusque là, les êtres vivants sur la terre respiraient bien, sans précipitation.

Puis l'un d'eux eut l'idée de lire le temps selon l'orientation de l'ombre d'un petit bâton projetée sur le sol. On commença à organiser ses activités en fonction de l'angle ainsi obtenu. Comme la terre aime se promener autour du soleil, dans un chemin en forme d'œuf, la longueur des jours varie selon l'endroit où tombent les rayons du soleil. Mais oui, ils tombent vraiment à certains endroits.

On lisait alors le temps plus facilement le jour que la nuit. Avec son aide, puisqu'il collaborait à ce moment-là, on se mit à observer les étoiles et le mouvement de la lune.

Un jour, il se peut même que cela ait été une nuit, quelqu'un pensa à des « horloges » à eau. Leurs réservoirs se vidaient en un « temps » déterminé. On fit de même avec le sable qui se déversait d'un vase à l'autre. On se dépêchait quelquefois de terminer une tâche avant la fin de l'écoulement. Le temps commença à se sentir coincé.

Le temps étouffa beaucoup plus lorsqu'un grand savant hollandais inventa l'horloge à balancier vers le XVIIe cent ans. Depuis l'époque du sablier, on avait commencé à doser de plus en plus le temps, dans les petites comme dans les grandes choses. Il se vit partagé en secondes, en minutes, en heures puis en années. On fit des mois et des saisons, des siècles et des millénaires. Jusqu'à l'Univers qui se vit compté en année-lumière. On notait tout sur de drôles de cartons partagés en minuscules carrés. Aucune petite place pour s'échapper !

Comme si cela ne suffisait pas, on se mit à vouloir le posséder. « J'ai le temps. » « J'ai encore le temps. » « Est-ce que j'aurai le temps ? », etc.

Tout se mit à tourner autour de lui sur la terre. Avec tant d'attention, jamais il ne pourrait s'échapper et disparaître un peu. Alors, pour se changer les idées, il s'étirait chez les petits terriens, communément appelés les enfants. Ils le laissaient tranquille et ne s'en occupaient pas du tout, excepté lorsque les grandes personnes les ramenaient à l'ordre. « Dépêchez-vous ! Vite, il faut aller ici, là », etc. Le temps se voyait à nouveau tristement tourner en rond, et toujours dans le même sens.

À un moment qu'il ne voulait surtout pas précis, le temps entra dans une grande colère, ce qui le précipita dans une autre dimension où on lui ficha la paix. Quelle panique sur la terre ! Les gens ne savaient plus que faire, s'ils devaient partir ou rester, s'ils étaient jeunes ou vieux, s'ils pouvaient s'aimer ou non. Bref, ils avaient l'air d'une horloge démontée, ce qui le fit bien rire, là où il se trouvait.

On l'implora, le supplia, le rêva. Rien n'y fit.

« Je ne veux plus être compté ! Je ne veux plus retourner sur la terre où je n'ai aucune liberté ! On ne joue plus avec moi ! Ici, je peux être au même instant le passé, le présent et le futur, un siècle ou une seconde. Non, je ne retourne pas sur la planète bleue, à moins que l'on n'accepte de jouer avec moi ! »

Le temps se buta ainsi pendant plusieurs jours — ou peut-être était-ce plusieurs siècles —, jusqu'à ce que de plus en plus de gens pensent comme lui.

Mais si vous voyez un groupe d'enfants en liberté, peut-être le reconnaîtrez-vous flânant dans un coin.

La nuit qui avait trop dormi

La nuit arriva très tôt ce jour-là. Il fit sombre dès que le jour commença à bailler. Le soleil n'avait même pas eu le temps de se coucher. On le voyait encore à l'horizon que déjà la nuit avançait à grands pas. Beaucoup de gens s'étaient dit en même temps : « La nuit porte conseil. » Alors, voyant tout le travail qu'il y avait à faire, la nuit voulut commencer immédiatement.

Le soleil n'était pas trop content. Il voulait bien avoir sa part et briller jusqu'au dernier rayon, du moins, se coucher sans se faire bousculer. Il n'eut même pas le temps de rougir et broya plutôt du noir. Le jour et la nuit étaient différents et ne s'accordaient pas trop. Quand l'un arrivait, l'autre partait, même s'il prenait souvent son temps. La nuit avait la lune qui trichait un peu en se montrant le jour, et des milliers d'étoiles qui scintillaient quand elles ne filaient pas. Le jour avait le soleil qui s'éclipsait de temps en temps et qui rendait les gens heureux quand il avait le ciel de son côté.

Comme la nuit était arrivée plus tôt, ça créait de la confusion en haut comme en bas. Elle avait de bonnes raisons d'agir ainsi et se demandait bien à qui elle porterait le plus conseil, aux dormeurs ou à ceux qui rêvaient debout en la regardant. Il faut dire qu'on approchait de Noël et que les désirs les plus secrets se réveillaient tous en même temps. Ça faisait plein de petites étincelles et quelquefois, des feux d'artifice.

La nuit travailla très fort à conseiller les gens, si fort qu'elle s'endormit au moment même où le jour avait envoyé l'aube pour faire chanter les oiseaux. L'aube se perdit, car elle n'y voyait plus rien. Elle fut même incapable de retrouver le jour qui ne pouvait pas se lever sans elle.

La nuit dormait, dormait à poings fermés, si l'on peut dire. Les étoiles en scintillaient de plus belle et prenaient la relève en se disant : « À chacun sa bonne étoile ».

Sur la terre, tout était calme et dormait. Même les amoureux de la nuit. Dans les rêves qu'elle avait laissés se trouvaient plusieurs petits bonheurs qui n'attendaient que le jour pour se faire voir.

Un oiseau chanta sans arrêt pour réveiller la nuit. Il en perdit même quelques notes et en fut quitte pour un mal de gorge. Mais enfin, elle s'éveilla. En ouvrant les yeux, elle ne retrouva pas le temps. Où en était-on ? Le matin ou le soir ? Venait-elle d'arriver ou devait-elle partir ? Qu'importe. En-bas, on s'éveillait aussi en ayant oublié, comme la nuit, s'il était trop tôt ou trop tard. On se souvenait de ses rêves et ils ne semblaient pas du tout impossibles à réaliser. Les petits bonheurs, qui aimaient bien les réveils de ce genre, étaient fous de joie. Ils dansaient partout et souhaitaient que le temps demeure au présent, — c'était comme ça quand on le perdait —. Malgré lui, le jour blêmissait d'indignation de n'avoir pu prendre sa place. Il retrouva l'aube et la suivit sans tarder.

« Si la nuit porte conseil, le jour agit ! », affirma-t-il en poussant la nuit. Elle bascula de l'autre côté de la terre avec un sourire. Elle avait bien travaillé.

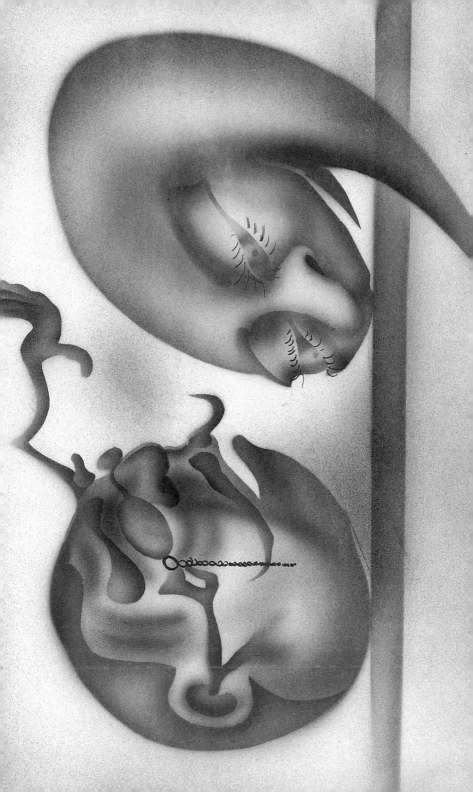

La virgule

Une petite virgule n'était pas très ponctuelle. Elle créait beaucoup de confusion en se plaçant n'importe où et était toujours en retard. De plus, elle manquait d'assurance. Vous vous doutez bien qu'elle n'était jamais à la bonne place au bon moment.

Tous les autres signes se ponctuaient selon les règles qui les régissent. Le point s'exclamait sans hésitation ou s'interrogeait quand la phrase lui en donnait l'ordre. Parfois, il se répétait trois fois en retenant sa respiration. La plupart du temps, cela signifiait que la phrase voulait se poursuivre ou se suspendre dans la tête du lecteur. Il lui arrivait souvent aussi d'être final. Alors, une nouvelle phrase commençait sans ambiguïté. Ces phrases se regroupaient par famille d'idées appelées paragraphe. Pour mieux voir, le point allait en chercher un autre et se plaçait au-dessus. Des explications suivaient les unes derrière les autres par ordre de priorité. Quelle belle vue pour le point !

Notre petite virgule était la seule avec une queue et ne savait que se poser très peu de temps. Quel mépris, lui lançait-on lorsqu'elle commettait l'erreur de se poser près d'un point, final ou suspendu ! Elle était totalement agaçante à cause de sa différence.

— Ah, si je pouvais trouver ma vraie place, où je serais aimée et respectée ! J'aimerais bien me sentir utile, moi aussi. Les points sont si durs avec moi ! Ils s'interrogent peu sur ma fonction. Si au moins je le savais moi-même, je pourrais leur expliquer !, pleura-t-elle après une autre exclusion brutale de leur part.

Un jour, un texte qui avait bien des choses à énumérer s'essouffla et lui demanda si elle pouvait l'aider.

— Je ne sais que me poser, mais peut-être cela vous permettra-t-il de respirer un peu, répondit-elle sans être trop certaine.

Et elle se posa ici et là, en se reprenant plusieurs fois. Elle finit par trouver sa place et faire de l'effet.

— Parfait, ici ! lui dit une phrase et puis une autre.
— Enfin, j'ai trouvé ma place ! s'exclama-t-elle avec l'aide du point qui était habitué à faire cet effet. Vous aurez dorénavant besoin de moi. Je ne souhaite plus être un point. Je suis unique. Quelle paix !

Un petit point la remarqua et décida de se poser un peu plus près d'elle. Il l'affectionna beaucoup, mais voulait aussi garder son identité, comme elle voulait garder la sienne maintenant qu'elle l'avait trouvée. Ainsi naquit le premier couple distinct de la ponctuation, le point-virgule. Ils séparaient les phrases tout en faisant un pont qui les liait.

— Quand on est à sa place, on est toujours utile, gloussa-t-elle de joie.

Le petit point approuva, même s'il n'était pas tou-jours là. L'important n'était-il pas de savoir qu'il pouvait y être ?...

Le mont et la vallée

Quelque part sur le continent nord-américain, là où la mer et ses marées lèchent constamment les abords de la terre, gisait bien haut, un mont affalé dans des siècles d'existence et de souveraineté.

« Je suis et j'existe », grondait-il souvent à la calme vallée qui s'étendait à ses pieds.

Les flots le fouettaient hardiment dans le dos par les jours de grand vent. Le mont, majestueux, il faut bien le dire, avait l'habitude de regarder de haut tout ce qui vivait en bas, sûr de sa suprématie. Aussi, s'ennuyait-il royalement, excepté les jours où on lui marchait dessus, dans un petit sentier menant à son plus haut sommet. Parfois, il arrivait qu'un campeur intrépide y passât la nuit, harcelé par les vents du large.

La vallée, ondoyante et fleurie, l'écoutait calmement s'ennuyer. Elle était si sereine qu'on l'habitait ici et là, malgré l'éloignement des grands centres urbains. Des animaux y avaient leur pâturage, à l'abri de l'air marin.

Il était impossible d'établir un dialogue ou tout ce qui aurait eu l'air d'une conversation avec ce mont trop *pesant* de lui-même. La vallée n'insistait même pas, quoiqu'elle aurait aimé le connaître un peu plus, en bon voisin, et apprendre de sa sagesse millénaire.

Un jour de pluie bien fine, puisqu'elle était douce avec lui, le mont sentit un tressaillement longtemps oublié dans son ventre. Sa mémoire endormie se réveilla d'un bond. « Ah non, pas la terre qui se déplace sous moi ! »

D'un coup, il perdit son assurance de grand seigneur et se mit à craindre le pire. Il avait retrouvé l'instant de sa naissance qui s'était produite avec grands fracas. La terre s'était déplacée, et d'elle naquit plusieurs monts dont il avait perdu la trace, étant le dernier d'une suite de soubresauts. Il n'était donc pas si solide !... La vallée demeura calme malgré le tumulte ressenti. Elle s'était contentée de ses lignes douces et avait sobrement accepté son destin plutôt *plat*.

Et puis, sans qu'on s'y attende vraiment, — mais toujours un peu quand on est né des humeurs de la terre —, tout se déplaça à un rythme infernal. Le mont s'écroula en partie dans la mer alors que la vallée se gonfla dans son sein. Les eaux se déchaînèrent avec une telle force qu'elles emportèrent avec elles morceaux de terre et pierres auparavant ensevelies.

Le ciel fut gris pendant bien des jours. On entendait même un grand silence à certains moments. Le mont, affalé et pitoyable, ne parlait plus. Il était si humilié ! Et la vallée qui le regardait de haut maintenant ! Autant être ravagé par les flots !...

« Holà, petit frère, lui dit-elle un certain matin. Je connais les joies simples et je te les apprendrai. Je te montrerai à verdir tes espaces qui fleuriront avec le temps.

En retour, montre-moi à guider et à protéger. Tu as acquis une sagesse qui ne doit pas se perdre. Partageons, veux-tu ? »

Le mont, qui n'en était plus un, n'adressait jamais la parole à plus petit que lui. Il se trouva donc dans une drôle de situation. Il ne répondit pas tout de suite, buté dans son orgueil blessé. Et puis, les jours se firent longs et pénibles. Il se sentait tellement affaibli et inutile !

La vallée — qui ne portait plus ce nom — essaya encore, un soir plus beau que les autres. « Allons, mon frère, apprends-moi à être grande et je t'apprendrai à être beau et inspirant. »

Las de solitude et de chagrins mal contenus, le mont accepta. Ainsi naquit une des plus belles amitiés de la terre qui dure d'ailleurs toujours...

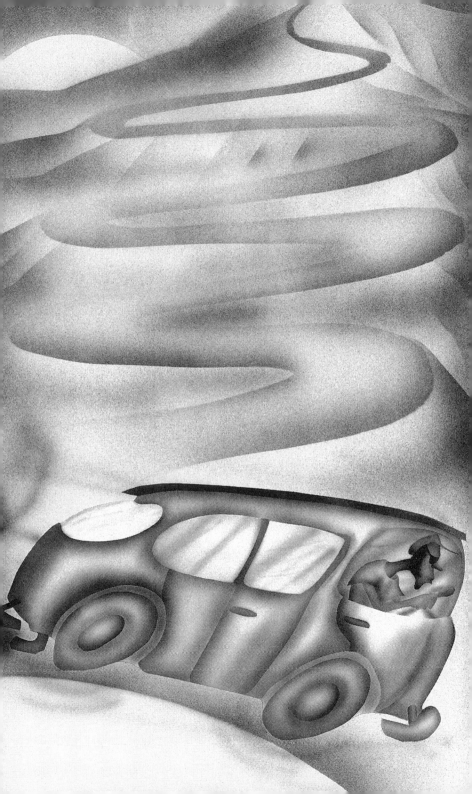

L'homme qui courait après l'été

Le vent souffle en charriant des pelletées de nuages qui s'engouffrent dans un coin du ciel que Théo voudrait bien bleu. C'est comme ça à chaque automne : Théo ne peut se résoudre à voir le froid arriver. Alors, il suit l'été.

On le voit chaque année fermer portes et fenêtres à double tour. Il barricade tout ce qui s'ouvre et écrit au chemin sur une vile planche : De retour avec le beau temps, au printemps.

Les gens de ce coin de pays y sont habitués. Ils le trouvent bien drôle, Théo, et se demandent même s'il n'aurait pas dû être un oiseau migrateur.

Il sort sa vieille camionnette du garage, la bourre de casseroles, de couvertures, puis il quitte les lieux en suivant les traces de l'été.

« Ah ! quelques fleurs bien ouvertes encore. L'été n'est sûrement pas loin ! »

Et il longe le beau temps. Quand il pleut ou bourrasque, il s'obstine à conduire de longues heures jusqu'à ce qu'il le trouve.

« Ah ! le voilà qui croyait m'échapper ! »

Avec de grands soupirs de satisfaction, il s'installe le temps qu'il faut. Mais dès que les nuits rafraîchissent un peu, il lève le camp. « Je ne te lâcherai pas d'un pied et l'autre suivra », rit-il dans sa barbe de plus en plus longue.

Il zigzague dans le pays et finit ainsi par arriver à la frontière du suivant.

— Où allez-vous ? lui demande chaque fois le douanier.
— Je suis l'été. C'est moi qui le ramène, vous vous souvenez ?
— N'oubliez pas de m'en laisser un morceau, dit le douanier en lui montrant un petit pot.

Théo finit toujours par rattraper l'été. Quelquefois, c'est le matin quand il commence. Quelquefois, c'est la nuit au beau milieu d'un rêve qui alors s'éveille. Il lui arrive cependant de passer à travers des bouts d'automne, ou presque d'hiver, qui arrivent sans s'inviter dans ces coins de pays pas habitués à ça. Pour quelques jours, il y a grande confusion. Théo se prépare alors à partir quand tout à coup l'été lui tombe dessus.

Ah ! je te cherchais ! Tu pars ou tu restes ? Décide-toi.

Et l'été se tient tranquille quelques jours, quelques semaines. Puis Théo recommence à avaler des routes et des sentiers. Après des semaines et des semaines d'été continu, il revient vers le nord. Il est content et n'aura pas vu encore une fois ce sacré hiver.

Lorsqu'il se retrouve dans son hameau, après des kilomètres de beau temps, il va sans dire, il enlève le madrier et change l'inscription : Théo a ramené l'été. Dans cette région, on ne dit plus : *L'hirondelle fait le printemps*, mais *Théo ramène le beau temps*.

Pourtant, l'automne suivant, dans sa partie la plus belle et la plus éclatante, Théo traîne le pied. L'autre ne suit pas toujours. Il se fait vieux. Courir comme ça après l'été n'est pas de tout repos, surtout lorsqu'il s'esquive sans aviser. Pour la première fois depuis des décennies, il n'a pas la force de partir. Il s'enferme avec ses plants, ferme volets et carreaux, puis se convainc : L'été restera avec moi. Un petit bout restera avec moi. Il ne peut pas me faire ça depuis le temps que je lui cours après.

Les froids arrivent. Théo refuse de sortir et s'obstine à croire que l'été lui sera fidèle. La neige tombe souvent et son havre en devient pratiquement recouvert. Si ce n'était du mince filet de fumée qui sort de la cheminée, on ne croirait jamais qu'il y ait là âme qui vive.

Un jour, le feu s'éteint et la neige s'amoncelle dans la petite ouverture qui laissait d'habitude passer la chaleur en méandres gris. Théo n'a pas le choix. Il doit sortir et affronter l'hiver, trop content de lui voir enfin le portrait. Il pousse la porte avec peine, mais ce qu'il voit lui coupe le souffle. Des milliers de diamants brillent à perte de vue. Le blanc est immaculé sous un ciel bleu comme l'été dans ses meilleurs jours. Les oiseaux chantent et sautillent de branche en branche. La chaleur qui lui monte du cœur le réchauffe. Il s'enroule dans une épaisse couverture, chausse ses raquettes que lui avait données en souvenir un vieil Indien, et s'aventure aux alentours.

« L'été ne m'a jamais dit que tu étais si beau !
Dire que pendant des années, je t'ai fui, méprisé. »

Il passe le reste de l'hiver à observer et apprend
ainsi de chaque saison. Je crois qu'il en garde encore des
petits bouts de chacune dans sa maison...

Le serin

Des feuilles géantes se balancent à la faible brise des matins équatoriaux. La végétation luxuriante se laisse bercer à ravir. L'heure est heureuse et elle le dit de mille façons. Un serin, mâle, et le chantant sur tous les toits, suit les odeurs du vent. Cela l'amène dans une petite clairière bien dégagée où il se laisse choir sur la branche d'un séquoia. Il chante de plus belle, si bien qu'il ne voit pas le danger qui l'attrape dans son filet. Il bat des ailes sans pourtant pouvoir s'envoler. Avec des dizaines de congénères, il se retrouve dans une énorme volière. Il ne dort pas. Il ne dormira pas avant un bon moment.

Il se sent transporté d'un endroit à l'autre sans ménagement. Il ne voit plus le soleil, il ne sait même plus si c'est le jour ou la nuit. La nostalgie des jardins colorés et de la rosée des matins l'envahit comme une nausée. Ce qu'il donnerait pour l'odeur d'une rose ! Il est là, tapi dans un coin sale, à vouloir mourir, lorsqu'un jour, une main rugueuse le prend vivement et le dépose dans une cage plus petite. On le transporte d'une pièce à l'autre, et tout à coup, on jette la nuit sur lui. Il manque d'air et tout est noir. On le ballotte à nouveau. Le calme revient, puis il s'endort enfin.

Des chants d'oiseaux le réveillent. Il ouvre les yeux. Le soleil ! Les fleurs, là, devant lui ! Mais il voit les barreaux... Soupir ! Une vieille dame s'approche, lui parle doucement et lui donne de l'eau fraîche. Quelques jours passent.

Un matin — qui était peut-être un soir —, elle dépose un miroir qu'elle accroche finalement aux barreaux de la cage. Le serin le boude d'abord, puis s'en approche. Son cœur se met à battre très fort. Enfin, il n'est plus seul. Il chante et chante sans arrêt devant son image et en tombe amoureux. Ils font tout ensemble et d'une façon tellement simultanée.

« C'est sûrement mon âme sœur, roucoule-t-il. S'il me fallait souffrir ces barreaux et y perdre ma liberté pour la trouver, ç'a en valait le prix ! »

Oh, les deux âmes sœurs ne sont pas toujours d'accord. Curieusement, cela arrive en même temps. Alors, ils se picorent mutuellement, à un rythme parfois effréné. Ils ont tout en commun, pense-t-il, même les désaccords.

Voyant le changement d'humeur et les chants qui emplissent la maison, la dame lui achète une compagne au plumage très doux et aux yeux lumineux. Au premier abord, le serin ne se reconnaît pas, se tient à l'écart et surveille ses moindres mouvements. Mais la voilà qui tombe amoureuse du miroir à son tour.

« Cet oiseau-là est tellement plus agréable, pense-t-elle. On fait tout ensemble. Alors que celui-ci, mal dégrossi, n'arrête pas de vouloir que je sois comme lui. »

« Elle prend trop de place, même celle que je tenais devant mon âme sœur. Elle est trop différente. J'étais mieux avant qu'elle soit là », gémit-il sur une patte.

Entre les ébats amoureux, parce que cela leur arrive, et les prises de becs qui surgissent de plus en plus, ils se retrouvent un bon matin avec deux œufs dans le petit nid que la dame avait déposé dans un coin.

La femelle se met à les couver régulièrement et il se surprend à en faire autant.

« Qu'est-ce qui se passe, pense-t-il à un moment qui lui est donné. Je commence à être bien dans cette cage-là. Je suis un serin heureux ! », chante-t-il le reste de la journée.

Les oisillons font sauter leur coquille, grandissent et se retrouvent au marché ou chez des amies de la vieille dame.

Le cycle recommence plus d'une fois, et un matin, après plusieurs centaines de semblables, on les retrouve appuyés l'un sur l'autre, devant le miroir, amoureux devant la mort qui les amène *sereinement* de l'autre côté du voile où ils chanteront pour l'éternité.

Le petit malheur qui arrivait seul

Les malheurs ont toutes sortes de réputations, surtout celle de ne pas arriver seuls. Ne dit-on pas : *Un malheur en attire un autre* ? ou *Un malheur n'arrive jamais seul* ?... Alors, lorsqu'un malheur arrive en solitaire, les gens ne le croient pas. Ils attendent tout le temps le suivant avec beaucoup d'espoir.

« Ah, si le malheur peut arriver, on en aura le cœur net ! »

Le cœur ne s'en mêle pas la plupart du temps, à moins d'être gros ou en petits morceaux. Il aime être léger et alerte comme les pieds quand ils savent où ils vont.

Un malheur, donc, était petit de taille et entendait bien le rester. Ça lui permettait de se glisser dans des malheurs plus gros que lui. Quelquefois, il se plaçait à côté d'un petit bonheur, mais rarement disait-on : « Si le malheur est là, le bonheur n'est pas loin ».

Ce petit malheur-là était bien indépendant et aimait voyager à sa guise. Étant plutôt petit, on n'en faisait pas grand cas. On attendait plutôt les plus gros, ceux qui, forcément, devaient suivre derrière lui. Et ce n'était jamais le cas.

« Tu ne peux pas être seul, voyons. Tu caches sûrement un malheur plus gros que toi dans tes bagages ! »

Et on se mettait à l'attendre, à ouvrir la grande porte, les fenêtres, à faire des préparatifs de toutes sortes pour le jour où il ferait son apparition.

« Je suis tout seul, je vous l'ai dit. Je ne fais que passer. J'aime voyager et apprendre. Je ne serai pas toujours un petit malheur, vous savez ! »

Mais on ne le croyait pas. On ne le croyait jamais. On attendait tellement les autres malheurs qu'on les inventait. « Tiens, ça doit être le malheur qui arrive !... » alors que ce n'était qu'un coup de vent ou un coup de téléphone anodin.

Le petit malheur avait ainsi créé beaucoup d'attentes pour des malheurs plus grands que lui. Cela fit, qu'à la longue, les gros malheurs furent très espérés. Quand les gens étaient invités à faire un voyage ou à aller à une fête, ils répondaient : « Je ne peux pas. J'attends le malheur ».

Quand ce malheur arrivait, il était bien reçu. « Je le savais bien que tu viendrais. » Et on le traitait avec beaucoup d'égards. « Tu peux revenir quand tu veux. Fais comme chez toi. » Cela plaisait fort aux malheurs de ce calibre.

« Le malheur s'est installé dans cette famille-là, » pouvait-on entendre quelquefois.

Cela dura bien des années, sans que le petit malheur soit trop conscient de l'effet qu'il avait créé dans son sillage.

« Ce n'est pas ma faute. Je ne fais que passer, après tout. Si l'on veut de plus gros malheurs que moi et les garder en plus, qu'y puis-je ? »

Une idée germa en lui. « C'est peut-être le temps de me transformer. Si je deviens un petit bonheur, on va sûrement m'apprécier. »

Il se transforma donc en petit bonheur. Il fut bien surpris de voir que les gens ne s'en préoccupaient pas davantage.

« Vous savez, il y en a de plus gros que moi ! »

Mais les gens voulaient les gros bonheurs tout de suite, sans passer par les petits.

« Que je sois un petit malheur ou un petit bonheur, on ne me veut pas. On veut les plus gros. On attend toujours les plus gros. »

Le petit malheur en prit son parti. « D'ailleurs, pensa-t-il, une célèbre fontaine n'a-t-elle pas dit qu'on aurait toujours besoin d'un plus petit que soi ? Les gens finiront bien par avoir besoin de moi. »

Quelques-uns commencèrent à s'apercevoir de sa présence. Je crois bien qu'il espère encore que les autres en feront autant.

Le hasard qui ne voulait plus bien faire les choses

Le hasard était triste ce matin-là. La tristesse l'avait envahi comme ça, sans s'expliquer, ou peut-être était-ce une grande fatigue. Il y avait tellement de croyances à son sujet ! Une journée, ces croyances disaient qu'il faisait bien les choses ou qu'il n'existait pas, et le lendemain, que tout arrivait à cause de lui. Comment savoir dès lors ce qu'il devait faire !

La tristesse ou la fatigue, qui sait, créa chez lui une grande confusion, et il se mit à agir de façon désordonnée. Il partait quand il devait arriver ou bien il abandonnait une tâche à peine commencée.

On entendit toutes sortes de choses à son sujet : « C'est ce foutu hasard qui s'en est mêlé ! » « Le hasard existe, c'est sûr, mais il est bougrement maladroit ! » « On ne peut se fier au hasard. Il fait si mal les choses. »

Le hasard n'avait-il pas le droit d'être fatigué, lui aussi ? Depuis le temps qu'on s'en remettait à lui pour que tout s'arrange ou que tout arrive !... Si les gens n'étaient pas si confus eux-mêmes, peut-être ne le serait-il pas devenu !

Et au moment où lui-même ne s'y attendait pas, il s'éclipsa en même temps que le temps qui en avait assez d'être compté, et ce, de l'autre côté de l'éternité.

« La belle affaire !, ricanèrent-ils ensemble. Les humains devront prendre leur destinée en main et se fier à leur étoile, si elle veut bien filer ! Au lieu de tout faire en fonction du hasard et du temps, ils devront se faire confiance et savoir ce qu'ils veulent vraiment. »

Les gens contractèrent l'habitude de vivre de cette manière. Combien de temps cela dura-t-il ? Il est impossible de le savoir puisque le temps ne s'en mêla pas, et qu'une journée peut aussi être une éternité. On se mit à vivre de toutes sortes de façons bien agréables et douces. Enfin, on pouvait voir les fleurs éclore, sentir l'odeur des matins frais et se fier à son intuition. Quelle paix !

Comme on ne pouvait plus se fier au hasard ou au temps pour arranger les choses, il fallut bien décider de sa vie. On ne pouvait plus accuser la destinée lorsque les choses ne se passaient pas comme on le souhaitait. On recommençait en prenant le temps de son côté puisque, finalement, il était revenu sur la pointe de ses aiguilles.

Le hasard ne revint jamais, ou s'il le fit, personne ne s'en aperçut. Il se cacha chez les petits bonheurs. Seuls les gens avertis le reconnurent...

TABLE DES MATIÈRES

AUX ÉDITIONS DE LA PAIX

125, rue Lussier
Saint-Alphonse-de-Granby
Québec, J0E 2A0

Téléphone et télécopieur : (514) 375-4765

ROMAN

Daniel Bédard : *Le Froid au cœur*
(2ᵉ prix Marie-Claire-Daveluy)

Jeannine Dubé : *De l'amour à la plume*

Colette Fortier : *Née Demain*

Serge Godin : *Le Parfum de la douleur*

Louise de gonzague Pelletier : *Je vous attendais*

Monique Plante : *J'ai mal à ma vie*
Par les fenêtres du cœur

Janine Roy-Côté : *Cette mère que j'avais*

Rollande Saint-Onge : *Du soleil plein la tête*

France Sévigny : *Au-delà du silence*

Jean-Paul Tessier : *FRANÇOIS, le rêve suicidé*
FRANCIS, l'âme prisonnière
MICHEL, le grand-père et l'enfant

L'Ère du Versant (humour)

Yves Vaillancourt : *Un certain été*

POÉSIE

Pascale Pigeon : *Fielleux jeux*

Émile Roberge : *... mais amour*
Sur la place publique

Charles Lorenzo : *L'Apport parnassien dans la poésie
canadienne-française*

RÊVES À CONTER

André Cailloux : *Les contes de ma grenouille*

Rollande Saint-Onge : *Petites histoires peut-être vraies*
(Tome I)
Petites histoires peut-être vraies (Tome II)

PSYCHOLOGIE POPULAIRE

Pierre Pelletier : *Amour au masculin et expérience spirituelle*

Guy Veillet : *Ici maintenant*

L'ENVOL

Paul Beaudry : *Au cœur de l'être*

Huguette Bélanger : *La Fin est un commencement*
Les Chakras, fontaine d'énergie pour grandir

Fernand Brunelle : *On m'appelle Ignouk*

André Cailloux : *Trésors cachés*

Louise Crochetière : *L'Harmonie globale de l'être*

Monique Gaudry : *Le sceptre de fer*

Élayne Guimond : *JE... Élayne Guimond*

Sahéla : Une démarche d'initiation spirituelle à la sagesse
éternelle :
la baraka de Sahéla   (Tome I)
la passionata de Sahéla (Tome II)
la sapientia de Sahéla   (Tome III)
la fantasia de Sahéla   (Tome IV)

JEUNESSE

Hélène Desgranges : *Le Rideau de sa vie*
     Le Givré

Steve Fortier : *L'Hexaèdre*

Robert Larin : *Jamais Deux sans Trois... ni tous les autres !*
     La couleur des mots

Gilles-André Pelletier, *Les Nomades :*
     I.   Le Grand départ
     II. L'Entre murs
     III. La Forêt
     IV. La Traversée

PETITE ÉCOLE AMUSANTE

Charles-É. Jean : *Remue-méninges*

Robert Larin : *Petits problèmes amusants*

DIVERS

Mouvement contre le Sexisme dans les Médias : *L'Enfer du décor*

(En collaboration avec les éditions Arts-Titou) :
François Trépanier : *Je construis mon violon*